***Terror en las Calles** analiza la mente de un psicópata por ejemplo **como** Stephen Paddock*

El conflicto y las resoluciones a los actos violentos en nuestras sociedades.

No a la VIOLENCIA

Educando a las familias hispanas en tiempos de terror.

¿Cómo entender la mente de un psicópata en momentos de violencia?

Nery Román

ISBN-13:
978-1726381215

ISBN-10:
1726381218

Este libro es dedicado con mucho amor a las familias hispanas para ayudarlas identificar al psicópata en tiempos de terror.

La gran pregunta sobre la horrible masacre en Las Vegas: ¿Por qué?

El domingo por la noche, Stephen Paddock, desde su habitación en el piso treinta y dos del Mandalay Bay Casino, con mucha cautela ejecuto su acto de violencia y disparo a más de 22.000 personas que asistían al concierto de música country. Desde sus dos ventanas en el hotel Madalay, Paddock disparo sin aliento muchos individuos inocentes. Un total de 59 personas murieron y más de 500 heridos, la peor historia de violencia y terrorismo en la historia estadounidense.

Stephen Paddock, 64, es el hijo de Benjamin Hoskins Paddock que robó dos bancos entre 1959 y 1960. Fue sentenciado a 20 años de prisión en 1961, pero escapó en 1968.

Con su escape, Benjamin Paddock terminó en lista del FBI el 18 de marzo de 1969. Dos psicópatas haciendo de las suyas, me pregunto si las personas que rodean a estos personajes malvados, terrorífico y violentos no se daban cuenta de sus psicopatías. Como ellos también podemos añadir a Castro el violador, psicópata que rapto a las 3 muchachas y no las dejo ir por años, hasta que una de ellas tuvo el valor de escapar las garras del monstruo.

En Tiempos de Terror

Este libro es importante para los que quieran aprender a analizar la mente de un psicópata.

Por ejemplo:

Benjamin Paddock fue diagnosticado como psicópata en 1969 y es bastante sorprendente. En aquel momento los recursos que existen ahora para diagnosticar a los psicópatas no existían. De hecho, el único libro sobre el tema fue escrito por máscara de cordura de Hervey Cleckley. En este libro usamos las investigaciones de Cleckley.

Paddock de Stephen tenía ocho años cuando su padre estaba en prisión.

Stephen Paddock asistió a la Universidad y trabajó para la compañía Lockheed Martin. Sin embargo, colocó en los negocios de bienes raíces y había hecho un montón de dinero. En los últimos años, él era un jugador profesional.

*Así que la pregunta sigue siendo: **¿Por qué lo hizo? ¿Era psicópata?***

Después del tiroteo, podemos decir que Stephen Paddock debe haber tenido una falta de remordimiento, culpa o empatía: es la única manera él podría matar a tantas personas a sangre fría. ¿Pero sabíamos algo antes del domingo?

¿Stephen Paddock era psicópata o loco? Pero si él era, de hecho, un psicópata, es lo que creo que sucedió: mantuvo una tapa en sus tendencias toda su vida.

El investigador analizo que los psicópatas empeorarán a medida que envejecen.

Tal vez Stephen Paddock era como los tiradores de la escuela que quería salir con una explosión — excepto esperó hasta la edad de 64 para hacerlo.

.

MI TRABAJO ES CREAR CONCIENCIA.

Cuanto más estamos en paz con nosotros mismos, más tendremos paz con los demás.

En Tiempos de Terror

Introducción

Freud utiliza un concepto para explicar patrones recurrentes y contraproducentes en conductas autodestructivas que se llaman **"compulsiones repetitivas".** *Freud y Einstein en el libro "instinto y supervivencia", explican en sus cartas que no hay bestia oscura que no dominemos nosotros mismos. Las respuestas a todos los conflictos se pueden resolver dentro de nosotros mismos, entendiéndonos y construyendo rompecabezas podremos sobrevivir.*

Los misterios de los seres humanos y sus comportamientos se encuentran en nosotros, como individuos contrarrestamos nuestros temores y aspiraciones. Todos tenemos la tendencia a competir, a la necesidad de cuidar, el deseo de conectar y ser libre. La respuesta está en cómo contrarrestamos nuestros temores y las aspiraciones; la unidad para competir y cuidarnos. Einstein y Freud añaden: "Cuanta más paz tengamos con nosotros mismos, más paz podemos brindar a los demás".

Conciencia sobre la psicopatía:

El objetivo principal de este escritor es crear conciencia sobre la psicopatía entre hombres y mujeres. Este libro informativo hará más simple para los hombres y las mujeres, especialmente las familias identificar la psicopatía y los abusadores socialmente calificados. Este libro es una combinación de investigación y las muestras de la vida personal del autor de experiencia tratando con un psicópata.

También definirá las características de los psicópatas al proporcionar ejemplos para identificar su mundo y cuáles son las amenazas de los que nos rodean. Cómo prevenir un ataque de la serpiente silenciosa; ¿Saben quiénes son? El objetivo principal es mostrar a los lectores cómo reconocer la psicopatía de diferentes características y cómo diferenciarlos de los demás. Es importante encontrar el verdadero rostro invisible, detrás de su sonrisa.

Este libro está basado en pruebas y muestra ejemplos sobre el abuso sexual y la psicopatía (trastorno de la personalidad). ¿Cómo sobrevivir el ataque de un psicópata? Es posible si nos educamos lo suficiente, proporcionando ejemplos con detalles sus personalidades disfuncionales. «Pasado de este escritor es un nuevo futuro para las familias». Desafortunadamente, cuando un niño esta desatendido o con alguien considerado "familiar", que podemos confiar, suceden cosas. "Debemos abrir los ojos cuando se trata del terror, la violencia y los depredadores". No confíe en todo el mundo cuando se trata de sus hijos.

Para llegar a la resolución del conflicto, es necesario estar informados. Este escritor ha ayudado a muchos, especialmente a mujeres, en el asesoramiento de sobrevivir un ataque. Lo más importante aprender a proteger a nuestros niños. Prevención: Educándonos a nosotros mismos que significa protección. Debemos educarnos para poder ofrecer un mejor futuro a nuestros hijos. Me gustaría compartir mis valores como seres humanos son humildad, la familia, la veracidad, integridad, la unidad, el amor, cuidado y compasión hacia los demás. En la mente de un psicópata, ni la mitad de estos valores existen. La ignorancia es la peor pesadilla cuando se trata de un verdadero psicópata.

Les ayudo a que juntos reconozcamos los rasgos y las características del psicópata, basados en mi experiencia personal. No fue tarea fácil escribir este manuscrito, pero al mismo tiempo es muy informativo. El libro está dividido en diferentes secciones. Los capítulos se basan en explicaciones, la literatura y las características de los psicópatas. Los signos importantes de los psicópatas son los siguientes: comunicaciones orales, mentira, factores de riesgo, manipuladores, violencia en las escuelas, psicopatía femenina, una pequeña explicación del androcentrismo, los abusadores expertos sociales, consecuencias psicológicas y el conflicto resolución sobre cómo tratar con psicópatas y los abusadores expertos sociales.

Tabla de contenidos:

*Carl Jung en su libro **"Bad Men Do What Good Men Dream,"** explica como todo el mundo tiene una **"sombra"** como parte del inconsciente que domina nuestros deseos reprimidos, las debilidades y nuestros instintos animales. Jung explica cuanto menos reconocemos nuestra <<**sombra**>>, menos se incorpora el consiente a la vida del individuo, esta sobra puede llegar a ser más negra y más densas. Cuanto más nos negamos a nuestros **malos pensamientos**, corremos más riesgo de ser controlado por ellos. En muchos casos como podemos observar el terror en Las Vegas, hasta ahora, sólo un rasgo psicopático se ajusta, parece que Stephen Paddock tenía una necesidad la cual lo motivo a asesinar a otros. Él vivió su vida por azar. Cuando pensamos en psicópata (términos que muchas veces se utilizan como sinónimos según el contexto clínico o social) solemos pensar en Ted Bundy o algún notorio asesino serial: alguien capaz de torturar y manipular a la gente por el placer de hacerlo. Pero los psicópatas de hecho muchas veces se encuentran a bordo de mentes como la de los presidentes o los líderes de empresas, es decir, de gente que debe funcionar de manera perfecta en sociedad.*

Los psicópatas no solo son asesinos, confiesa que desde niña M.E. Thomas fantaseaba con matar a su padre con sus propias manos, además de estrangular gente que veía en su rutina escolar, o ahogar bebés en la piscina cuando era niña; aunque no lleven a cabo estas fantasías, los sociópatas se entretienen en ellas sin consecuencias. Un entretenimiento menos saludable, sin embargo, consiste en <<arruinar a la gente<<; en palabras de Thomas: <<Sé que mi corazón es más negro y más frío que el de la mayoría de la gente; tal vez por eso es por lo que estoy tentado a romper los suyos>>.

La psicopatía es un desorden de la personalidad, que se manifiesta en uno mismo y los demás, puede incluir conductas deshonestas y manipuladoras; para los analistas, los psicópatas pueden ser manipuladores, encantadores, narcisistas y carecen de remordimientos y del control de sus propios impulsos. Robert Hare, psicólogo criminal, diseñó una prueba en 1980 para el diagnóstico de la psicopatía, cuales son usado aun para determinar si un criminal puede salir bajo fianza o merece penas más severas. Hace unos años, Hare mismo afirmó que <<es cuatro veces más probable

hallar un psicópata en lo más alto de la escalera corporativa que encontrarlo en la oficina del conserje>>.

En el libro <<Confesiones de una sociópata>>, M.E. Thomas describe en primera persona el problema en una psicópata que es abogada, trabajando en un currículo prestigioso, profesora universitaria y psicópata en tiempo de recreo. Aunque es una persona "normal" por fuera, Thomas cuestiona los fundamentos mismos de la normalidad al confesar que fantasea constantemente con asesinar personas, distanciándose de sus amigos cuando estos tienen problemas personales y dejan de parecerle divertidos, además de la lucha constante contra los periodos de autodestrucción.

Carl Gustav Jung, uno de los fundadores de psicología y moderno psicoanalista nos solía explicar que todos bebemos de una misma fuente. Nos explica en su teoría que según la cual, durante nuestra vida intentamos ser individuos 'únicos' e independiente, pero una parte de nuestra memoria es compartida con toda la humanidad. No importando la cultura o el sexo, todos buscamos lo ideal de la belleza, de la divinidad de la música. La sociedad se encarga de concretarse en esos ideales, y como manifestarse en la realidad. Por ejemplo, la felicidad: hay una serie de requisitos que, de no cumplirse, no nos permiten aceptar conscientemente el hecho de que tal vez ya somos felices. Tales requisitos no son absolutos, y cambian de generación en generación. La persona, Jung solía clasificar como el progreso individual en cuatro etapas: la primera era la Persona, la máscara que usamos todos los días, fingiendo lo que no somos. Pensamos que el mundo depende de nosotros mismos, que somos los mejores padres, amantes, amigos, o enemigos. Somos los mejores jefes y que el sueño de todo el ser humano es parar de trabajar y viajar toda la vida. Algunas personas creen que es lo que no encaja en sus vidas lo pasan a una siguiente fase: La sombra.

La Sombra:

Carl Jung explica que "La Sombra", es nuestro lado negro que dicta como debemos actuar y comportarnos. Al intentar deshacernos de "la persona", dentro de nosotros, podemos encendernos y conseguimos ver las telas de las arañas, la cobardía, el egoísmo, la envidia y otras cosas más. Muchos superan lo que sienten o cómo actúan diciéndose: "Es verdad que tengo muchos defectos, pero soy *digno, y quiero seguir adelante". En ese momento, la Sombra*

desvanece y nos incorporamos con el Alma. Esto no tiene relación

con la religión, sino con el mundo y el conocimiento. Los instintos

comienzan a declinar, las emociones se tornan radicales, las señales

que enviamos en la vida son más importantes que la lógica.

Permitimos esta manifestación o esta idealidad, la cual puede

traernos serios problemas, porque no es la realidad. Los ideales que

creamos negativamente en nuestras mentes nos pueden crear

problemas. Los psicópatas muchas veces crean pensamientos

negativos o ilógicos de la vida para llenar sus vacíos. Lo más

importante para ellos es llenar sus almas o sus vidas para ser felices

en su mundo irreal.

II. ¿Qué es la psicopatía?

Psicopatía es un estado psicológico en el que el individuo muestra una gran **empatía por los sentimientos de los demás, y la necesidad de comprometerse en conducta inmoral y antisocial para obtener ganancias a corto plazo.** También los psicópatas sufren de egocentrismo, narcisismo, sin temer a las consecuencias negativas de carácter penal o comportamientos de riesgo que pudieran ser relativamente severos para ellos o ellas, muchos son insensibles al castigo. Sin miedo a ser arrestados por comportamientos delictivos o sanciones sociales. Los psicópatas son predadores y cualquiera que pueda alimentar sus necesidades en cualquier momento puede convertirse en una posible presa. Un punto de gran preocupación es que muchos de ellos son personas responsables por el cuidado y la supervisión de sus víctimas. El 20 de noviembre de 1989, la Asamblea General de las Naciones Unidas aprobó la Convención sobre los Derechos del Niño, proclamando derechos elementales de los niños en el mundo.

Los psicópatas tienen un mayor riesgo al participar en lo que llaman agresiones reactivas e instrumentales. Agresión instrumental (a veces llamada proactiva) es planificada y controlada con *objetivos, y es utilizada en una determinada finalidad, por ejemplo: para obtener drogas o sexo, o simplemente para establecer dominio sobre algo. El objetivo principal no es necesariamente lastimar a otros, para ellos es simplemente obtener resultados deseados que lo hagan feliz o que llenen su ego. De la agresión surge una reacción emocional que es calculado como una herramienta. Agresión reactiva, por otra parte, es mucho más impulsivas y son basadas en emociones de la percepción de una amenaza o un ataque o enojo descontrolado (Schouten, 2012).*

1) Distinguimos a los psicópatas y quienes son:

Características de la Psicopatía - Teorías

Según el genetista conductual Dr. David Lykken (1995), los psicópatas forman parte de otros descarriados y locos. Este escritor explora la historia de la infancia abuso físico y sexual, y las diferentes personalidades y las categorías dentro de la psicopatía. Los estudios sobre el cerebro explican que los psicópatas tienen las actividades cerebrales anormales. La psicopatía se define como una constelación afectiva, interpersonal y síntomas de comportamiento que se caracteriza por un individuo manipulador, con encanto ingenuo, irresponsable, egoísta, insensible, impulsivo, agresivo, sin empatía y con poco remordimiento o culpa como resultado de una perjudicial y el comportamiento antisocial (Hare, 2003).

¿Por qué esta investigación es importante? Esta investigación se basa en la experiencia personal del escritor viviendo con un psicópata. Esta investigación también podría ayudar a las personas que fueron víctimas de diferentes abusos, violencia en las escuelas y como llegar a comprender e identificar personalidades psicopáticas y las características de estos individuos antes que sea demasiado tarde. Neumann (2007) analiza la psicopatía como uno de los más reconocidos trastornos de la personalidad. Este documento

representa una investigación comparativa entre las mujeres y los hombres y el comportamiento psicopático. Hare (2003) menciona que es importante que se realicen más investigaciones para identificar las características los psicópatas entre los dos sexos y cómo se manifiesta el síndrome. La psicopática puede ser debido a su relación significativa con la violencia, la agresión, y otras patologías (Hare, 2003). Este escritor utilizo diferentes teorías que se desarrollan para ayudar a explicar los fundamentos de este trastorno de la personalidad; y, al hacerlo, varias posibles influencias que facilitan el inicio de un trastorno de la personalidad psicopática. El propósito del libro es informar a los lectores en una forma fácil y descriptiva diferentes factores de la psicopatía por ejemplo en el entorno familiar, factores neurológicos, y factores de predicción psicopatía.

De Karpman (1941) artículo fundamental distinguir entre psicopatía primaria y secundaria proporciona la base para posteriores investigaciones sobre las teorías y sus variantes. Es importante reconocer Karpman (1941) teorías de la asociación entre psicopatía primaria y secundaria. Muchas veces los psicópatas lo quieren todo; son narcisistas, desviados y tramposo. Los psicópatas son malvados, y muchos son inmaduros. Los psicópatas pueden ser catalogados como los cazadores acechando una presa, en primer lugar, siempre encuentran el lugar adecuado para la caza, en segundo, identifican la presa, capturan a la presa y, por último, hacen sus terribles actos malos y diabólicos.

*Según Karpman (1941), la principal diferencia es basa en la etiología. Karpman (1941) teorizó que los psicópatas se caracterizan por un déficit afectivo que es congénita secundaria, mientras que los psicópatas se caracterizan por un trastorno afectivo que se desarrolla como resultado de interacciones nocivas con el **medio ambiente**. Algunos psicópatas muestran signos de psicopatía primaria y de rasgos de personalidad, tales como egocéntrico, manipulador, engaño, y la falta de remordimiento hacia sus víctimas y el universo. Karpman (1941) dice que los psicópatas secundarios presentan sus síntomas como una adaptación emocional a los factores perjudiciales en sus hogares. Karpman (1941) argumentó que los psicópatas secundarios desarrollar los rasgos de psicopatía en un esfuerzo para hacer frente a estas condiciones adversas como el abuso y rechazo* *parental. Parte de la razón para el abuso se basa en factores tales como el alcoholismo, abuso y abandono familiar. Los padres que presentan una adicción al alcohol o drogas tienen más probabilidades de tener hijos que desarrollan psicopatía y otra discapacidad neurológica.*

Karpman (1941) teorizó que los psicópatas primarios y secundarios pueden diferir en su núcleo afectivo y las relaciones interpersonales, y que su nivel de la impulsividad y la agresión puede variar. Karpman (1941) argumentó que psicopatía secundaria que lleva con ella, la depresión, la ansiedad y la neurosis carácter no presentes en la psicopatía.

El Dr. Hare (1999) describe los psicópatas como los depredadores que utilizan encanto, de la manipulación, la intimidación y la violencia para controlar a los demás y para satisfacer sus propias necesidades egoístas. Muchos usar la persuasión para conseguir lo que desean, utilizando encanto para intimidar y manipular. Esta actitud intachable, la manipulación y el encanto se utilizan para mostrar a los demás se les puede confiar, haciéndose pasar como personas morales. Los psicópatas son hábiles en decir una cosa y hacer otra y decirle a la gente lo que quiere oír para la compra de tiempo para su siguiente plan. Podrían ser muy influyente hacia los demás. Su incapacidad para formar los accesorios o empatía hacia los demás (entre otras cosas) resultados de psicopatía.

Karpman (1941) también considera que los psicópatas primarios tienen un "ausente conciencia", mientras que los psicópatas secundarios tienen una "conciencia perturbada." Según Karpman (1941), los psicópatas secundarios experimentan el mismo alto nivel de hostilidad como principal como psicópatas, pero siguen siendo psicópatas secundarios capaces de experimentar emociones humanas superiores tales como la empatía, la culpa, el amor o el deseo de aceptación. Los psicópatas primarios son menos impulsivos que la secundaria psicópatas. Karpman (1941) también sugiere que los psicópatas primarios a menudo actúan instrumentalmente para maximizar su propio beneficio o la excitación, mientras que los psicópatas secundarios a menudo actúan reactivamente de emociones como el odio y la venganza.

Karpman (1941) considera que esta reacción es el resultado de la psicopatía secundaria subyacente del conflicto neurótico. Puede pedir lo que es: "conflicto neurótico?" Según Freud en general, una neurosis representa una instancia donde el ego de los esfuerzos para hacer frente a sus deseos a través de la represión, desplazamiento, etc. no. Además, puede ser asociado con un trastorno, como la hipocondría o la neurastenia, derivados de lesión orgánica aparente o de cambio y de los síntomas como la inseguridad, la ansiedad, la depresión y miedos irracionales, pero sin los síntomas psicóticos, como delirios o alucinaciones.

Karpman (1941) teoría sitúa esta labor para una mayor exploración de la originalmente construir hipótesis unitaria de psicopatía en un 70% mayor que la psicopatía primaria 58 %.

Tres de los más importantes signos: son abundantes en comunicación oral, fibras y manipuladora.

1) Comunicaciones Oral:

Los psicópatas saben que son diferentes, uno de los puntos importantes es que son geniales en la comunicación oral y pueden saltar en cualquier conversación sin timidez. Por ejemplo, uno de los muchos signos es que pueden hablar con las personas, un psicópata es capaz de participar en una conversación sin sensación de vergüenza. Algunos de ellos están motivados con grandes talentos para leer las críticas de la gente y hacer nuevos amigos y estar seguros de que consiguen lo que quieren de cada amigo o pariente. Es muy fácil para ellos recopilar la información sobre los demás y también encontrar lo que te gusta y lo que no te gusta. No cabe duda de que también podrán saber cuáles son sus necesidades, su unidad, su actitud, sus debilidades y vulnerabilidades. Tienen una sabiduría de la vida que no lo hacemos, ya que se usa para su propio progreso. El mundo para ellos es un juego, y todo lo que tienen que hacer es mover los juguetes alrededor para ganar.

También se pueden cambiar las teclas, y saber los "juegos" malignos de estos individuos. Cualquiera que sea la situación, ellos nunca toman responsabilidad por nada y nunca se equivocan. La mayoría de los psicópatas actúan como si son las víctimas y de que nosotros somos los chicos malos; ellos nunca entenderán el por qué, ellos solo buscan llenar sus necesidades. Los psicópatas son fuertes en algunos aspectos, pero ignorante en otros. Ellos no pueden entender por qué hemos dejado de hablar con ellos, o que fue lo que hicieron mal. Yo era un buen amigo, primo, hermano, ¿hermana?

¿Por qué se nos miran mal? La respuesta es sencilla, se puede leer este libro, además de otros libros escritos, tuvimos la oportunidad de conocer quién es usted.

Después de dejar a mi familia para hacer el bien, nos trasladamos a un Estado diferente. En este momento, no divulgamos la información sólo con fines de seguridad. En esta nueva vida, nos encontramos con una pareja de personas que nos aseguró eran nuestros nuevos "amigos." Mi marido le gustó y disfrutamos de muchas visitas a su casa, así como a la nuestra. Un día, en medio de esas visitas, nos encontramos ante un gran incidente que marcó nuestra amistad para siempre. En una fiesta invitados por ellos, nosotros compramos unas bebidas, específicamente Sangría y otros comestibles de alimentos. Al final de la fiesta, no encontramos la Sangría, ni los alimentos por ningún lugar. A la llegada, mi marido notó que algunos de los productos que compramos para la fiesta todavía estaban en el coche. El psicópata había tomado la sangría y todo los demás para llevárselo con él una vez terminaba la fiesta sin decirnos nada al respecto. ¿Por qué? Los psicópatas juegan un juego, y siempre quieren ser los ganadores. Después de comprar todos estos elementos, lo menos podía hacer era dejarlo en la fiesta como acordamos para que todos disfruten. Este es un ejemplo típico de trastorno de comportamiento en la psicópata, la necesidad de ganar siempre y conseguir algo para ellos, por su propia cuenta o riesgo. Por cierto, después de este incidente, nunca nos vio más el pelo. Nunca se sabe cuál será su siguiente estafa o psicopatía para ganar provecho usando y ultrajando de los demás.

2ª Mentira:

¿Por qué mienten? Es difícil ver la mentira, pero no es imposible. La mayoría de la gente no percibe sus mentiras, que son basadas en la psicopatía. La mentira sirve para muchos propósitos, por ejemplo, para aliviar las desconfianzas y preocupaciones de las víctimas, y para fortalecer su la ficción de la realidad. Como fue mencionado en su libro "Serpientes en Traje", ellos son artistas al crear sus historias y explicaciones convincentes. Estas historias artísticas pueden llegar a convencer a los demás con entretenimiento y explicaciones. Estos individuos psicópatas son inmortales en no mostrar sentimientos, que no pueden sentir, no tienen cara, no tienen ninguna emoción, y puede proyectar sus historias sin expresiones faciales. Hare (2003) fue precisa cuando dice: se trata

de "artista" a crear sus historias y explicaciones convincentes. La clave principal para entender psicópata mire hacia atrás su espejo y usted debe encontrar. No sólo son artistas, pero también se destacan los artistas intérpretes o ejecutantes. Más libros deberían estar escritas con otro escritor de experiencias de psicópatas.

La única manera de conocer y descubrir quienes son es de lectura y aprendizaje más libros y comprender las definiciones de la encantadora, artista, carismático, fuera de la caja y ver como lo que realmente son, psicópatas. También debemos recordar que son psicópatas y son mentirosos. La mayoría de los humanos no pueden ver a través de las mentiras, pero si nos centramos en el **"detalle"**, llegaremos a ver sus verdaderas identidades.

Hare y Babiak explican que el mentir y convencer a los demás y el uso del encanto se realiza con el fin de reforzar un clima de confianza, aceptación, que puede llegar a ser una verdadera delicia. Ellos saben cómo agradar a los demás diciéndole lo que otros quieren oír alagando y creando un mundo falso, entre mentiras y glorias. Se convierten en maestros de la mentira, mientras que otros creen que son ellos son un ejemplo para la *sociedad. Su principal objetivo en la vida es crear aceptación, mientras que otros creen todo lo que dicen. Esto los motiva y les da poder para seguir mintiendo.*

4 ª) Los manipuladores:

*Los psicópatas son excelentes manipuladores, y saben muy bien a quien pueden manipular a su antojo. El medio hermano utilizado la manipulación para crear un clima de confianza entre la familia, incluido mi madre que confiaba en todo lo que él decía. Confió tanto en el que le dio el **poder de su vida**, y justo por eso ella termino en un asilo de ancianos, en el hospital que ella odiaba, y donde nunca quiso llegar. Cuando me llamo antes de fallecer para que la sacara, ya era demasiado tarde, el psicópata había hecho de las suyas, y la dejo allí para que muriera.*

*Ella fue su víctima por confiar en él, nunca confíes en estos maniáticos, pueden acabar con tu vida. Ellos van tras sus propósitos, y poco a poco consiguen lo que ellos creen que es suyo. Sin sentimientos o emociones, ellos creen que pueden seguir haciendo lo que quieren. **Es su obligación no detenerse hasta conseguir lo que quieren**. Eso si es verdad, los psicópatas no se dan* *por vencido hasta que ganan la batalla, y tienen lo que ellos necesitan para hacer crecer su ego. Que es igual lo que sucede con los juegos. Sus mentes y la manera de pensar se pueden comparar a un juego de mesa, **manipulación de sus jugadas**. Son manipuladores, es su naturaleza aprovechar las ventajas de los demás, incluso cometer abusos contra sus víctimas, aunque estos sean niños. Si los tenemos bajo vigilancia es más difícil para ellos hacer daño a sus víctimas, pero si nadie está en alerta, su objetivo es más fácil. A veces estos manipuladores buscan niños, ya que nunca han aprendido a relacionarse positivamente con otros adultos. Esa es la hora en que el peligro comienza, y que debemos estar parado. Los miembros de la familia deben ser conscientes de que las manipulaciones se producen a menudo en diferentes puntos de transición en la vida del menor.*

3 ª) La Infancia factores de riesgo

Me acordé cuando éramos pequeños, lo mucho que me molesta. El psicópata me aguantaba los pies para que me callera, sin poder andar por la casa y me hacía llorar mucho. Siempre vivía asustada, muy tímida a la edad de cinco años. A el psicópata le importaba mucho que yo tuviera la atención de mi madre y de la familia entera. Siempre le molestaba que yo fuera más fuerte que él, aunque yo era el pequeño en la casa. Muchos niños crecen con problemas y sentimientos de abandono. Lo que he podido oír un día a mis tíos era que él tenía problemas para socializar con otros. Sus problemas empezaron desde una edad muy temprana, y estoy segura de que mi madre sabía todo, basado en sus acciones y lo ocultó. Yo era demasiado pequeña para darme cuenta de algo. La psicopatía puede aparecer más tarde en la vida, algunos ya nacen con este trastorno de personalidad. El verdadero problema es el patrón persistente de conducta antisocial en la infancia y en la adolescencia. El hermano psicópata cuando adolescente tendía a violar las normas sociales, la agresión hacia los animales o a otros niños era evidente, también le gustaba destruir las escuelas y las calles. La destrucción de propiedad, engaño, robo, y graves violaciones a las reglas son algunos de los síntomas dentro de la psicopatía. Hay seis diferentes diagnósticos en el DSM-IV de la infancia conducta antisocial:

1. Trastornos de la conducta que implican una serie de conductas agresivas hacia las personas o animales, destrucción de la propiedad, el absentismo escolar, un patrón de engaño, y/o las violaciones graves de las normas en casa o en la escuela.

2. *El Trastorno Negativista Desafiante (ODD) - Estos niños y adolescentes suelen presentar un patrón de comportamiento desobediente y desafiante, incluida la resistencia a las figuras de autoridad, aunque no tan graves como trastorno de la conducta. Esto incluye problemas recurrentes temperamento, frecuentes discusiones con los adultos, y las pruebas de ira y resentimiento. Además, el desafiante niño/adolescentes a menudo intentar molestar a los demás.*

3. *Trastorno del comportamiento perturbador no específica (DBD-NOS) - Esta es una categoría para aquellos que muestran los CD y extraño, que no cumplen con los criterios de diagnóstico.*

4. *Trastorno de adaptación: Con Alteración mixta de las emociones y la conducta, se trata de una matriz de comportamientos antisociales y los síntomas emocionales que en plazo de tres meses a partir de una situación*

estresante y no cumple los criterios de los trastornos mencionados.

5. *Trastorno de adaptación: Con alteración de conducta:* Esta opción es similar a los otros trastornos de ajuste, pero con comportamientos antisociales.

6. *Niño, Niña o adolescente conducta antisocial -* Esta categoría es de comportamientos antisociales aislados no indicativos de un trastorno mental.

Abusadores de Menores Habilidades Sociales:

"UN psicópata inventa la realidad para ajustarse a sus necesidades" (Grondahl, 2006). Este escritor investigación sobre personalidad psicopatía categorías no difieren mucho de la historia de física o sexual abuso en la niñez; sin embargo, una mayor proporción de psicópatas secundarios apoyar una historia de abuso físico y sexual. Cleckley (1988) menciona que si juzgados a la luz de su conducta, de su actitud, o del material obtenido en examen

psiquiátrico, muestra ningún sentido de la vergüenza. Este escritor hermano varones de más edad no mostró emoción o el cuidado después de que el abuso, así como no hay signos de arrepentimiento, y quedaba inmóvil como nada ocurrió. Cleckley (1988) explica los psicópatas están siempre llenos de vulnerabilidades, cada uno de los cuales se secarían incluso más insensible representantes del hombre común. Sin embargo, él no, a pesar de su poder protestas, mostrar la menor prueba de gran humillación o arrepentimiento (Neumann, 2007).

Este escritor hermano varones de más edad falta normas morales y de la humanidad. Su comportamiento fue siempre uno de superioridad. Su realidad se construyó para su ventaja, sin arrepentimiento ni las consecuencias de sus acciones. Este escritor puede apreciar completamente y entiende mejor gracias a esta investigación psicopatía, un trastorno de la personalidad; como parte de sus acciones y comportamiento; un oportunista y un psicópata que son libres de hacer lo que él quería que se salió con la suya. Es un clásico psicópata. Hare (1999) menciona los psicópatas carecen de conciencia y sentimientos a los demás, que sangre fría lo *que quieren y hacen lo que quieren, violar las normas sociales y las expectativas sin el más mínimo sentido de culpabilidad o de pesar.*

Investigaciones recientes indican que existe una relación entre personalidad psicopática trastorno y alguna forma de violencia sexual la adolescencia (Shohov, 2002). Shohov (2002) señala también, la relación entre el niño y el molestar sicopatía es mucho menos clara. Basado en resultados de la investigación, podemos sostener que algunos delincuentes sexuales pueden ser clasificadas como psicópatas sexuales, desviaciones sexuales criminales cuyo comportamiento está dirigido a diversos perfil de las víctimas y que están motivadas principalmente por emocionante y oportunidad (Shohov, 2002). Investigación que contribuye a una mejor comprensión de dichas personas y mejorar este proceso. Un factor que contribuye significativamente a la delincuencia en general y comportamiento desviado sexual en particular, es la constelación de características sabe cómo psicopatía (Shohov, 2002). Para psicópatas sexuales, afirman que éste es el elemento sexual y que la víctima tipo que son en general o en ese momento concreto objeto de la violenta emoción (Porter 2000).

Porter (2000) plantearon la hipótesis de que los individuos son psicópatas sobre-representados a los delincuentes que ofenden sexualmente contra una variedad de víctima. El más básico sistema de clasificación de los delincuentes sexuales distingue los violadores y abusadores de niños (Shohov, 2002). Abusadores de niños son oportunistas, en las condiciones y parámetros para cometer sus crímenes. Abusadores buscan blancos fáciles, en su mayoría niños, a quienes conocen y tienen una relación. Autor de este medio hermano varón vio una oportunidad de satisfacer su apetito sexual y se lo llevó. Abandonado sin supervisión de los padres, su psicopatía predisposiciones se hicieron más fácil para él, por favor. Por otra parte, en el caso de la psicopatía el primario de subsistencia: la mentira, sin reacciones fisiológicas. Mentir es su arma principal. La mentira es la justificación de sus jefes que tienen el derecho de hacer daño y el hecho de mentir es tan natural como respirar. Cuando quedan atrapados en una mentira, que tratan de escapar mediante la creación de más mentiras.

¿Quiénes son los "estilistas profesionales?" son los primeros que congraciarse con los adultos con el propósito expreso de que se permita el libre acceso a los niños inocentes, pero ignorante de los

adultos (Van Dam, 2006).. Abusadores de niños también gravitan en torno a las que tienen más probabilidades de ser demasiado amable para defenderse de ellos, demasiado tímido y con ganas de decirles que se fueran, demasiado dependientes de ser enérgico y muy impresionado por el rango, el poder, la condición social, ni dinero para hacer lo correcto (Van Dam, 2006).. Abusadores de Niños deliberadamente asociar con adultos que no pueden hacer frente a estas cuestiones. Buscan a los adultos que se preocupan por herir los sentimientos de otras personas. Que encanto adultos que no creen que podría suceder. Dam (2006) menciona en su libro "La Sociedad abusadores de niños calificados", los niños que corren un mayor riesgo de sufrir abusos sexuales por estos peluqueros caninos son los niños, rodeada de adultos que no pueden estómago aprender sobre abuso sexual infantil (Van Dam, 2006).. Estos adultos, por lo tanto, pueden ser accidentalmente más probable para dar la bienvenida abusadores de niños en sus hogares, las organizaciones o comunidades, ignorar las pruebas, resolver problemas, y hablar de creer posible sospechas (Van Dam, 2006).. Abusadores de niños que son adictos por tener relaciones sexuales con niños, por lo tanto, es más probable que aparezca siempre que se reúnen los *niños. A veces, todo lo que necesitan hacer es entrar en un chat y establecer una cita con un niño sin permiso de los padres. Los niños sin custodia son más rápidos del uso indebido de los niños que se encuentran constantemente las protecciones de los padres. Algunos estilistas profesionales tener cuidado un paso más allá y el novio personas fuera del hogar. Por ejemplo, la manipulación los amigos, familiares, conocidos, compañeros y profesionales; ya sea para fomentar situaciones en que puedan molestar o crear ayudantes a quienes se les ayuda en su defensa si son atrapados. El aseo del entorno social sigue siendo incluso después de que un delincuente admite o está condenado. En este caso el delincuente el medio hermano ofreció a cuidar de su hermana pequeña de abusar de ella. El rechazo como una forma de escapar de la situación. Es una característica más de los delincuentes sexuales y abusadores de niños les niega lo que hacían.*

Este escritor es dar un ejemplo de medio hermano enfermo y el aseo. Este es un fragmento de la historia que se refiere a la manipulación. Es importante comprender que los psicópatas son extremadamente manipuladores. Que sufren de un trastorno de personalidad y abusadores de niños novios sus víctimas.

El medio hermano bastardo, siguió con sus abusos varias veces hasta una edad avanzada. Lo que ocurrió cuando se trasladó a Madrid, España. El medio hermano nunca fue un hermano que nos importe un bledo su pequeña hermana. Él nunca me a pasear o hablar conmigo. Hasta el día en que comenzó el peinado y uso indebido de la víctima. Cuando yo era niño nadie prestó mucha atención a este escritor, con excepción de algunos primos de Madrid. Mi madre y mi padre no eran las típicas de conversación tipo y no le presté mucha atención a mí. El hermano mayor siempre iba a lo suyo y nunca presto mucha atención hacia mí. Por lo tanto, el psico sabía que tendrá éxito en su abuso, fue una tarea fácil para él. Yo estaba en manos del veneno, del diablo.

A la edad de once y trece años mi desarrollo había cambiado muy rápidamente y el medio hermano se dio cuenta, y hasta ese día el nunca me hablo, solo para tocarme. Asqueroso. Pero para muchos en esta sociedad el pude ser una persona muy encantadora, yo lo comparo el secuestrador de las 3 mujeres en Ohio, Castro. El hermano que nunca me habló antes, empezó a hablarme sobre Superman. Cuando niña, me encantaba Superman y hasta tenía un cuadro de él en mi habitación. Él me habló de Superman y me decía cosas muy bonitas sobre él, y que me iba a comprar un poster más grandes de Superman para mí. Que enfermo ese descarado, los que hablan con el energúmeno no tienen perdón de Dios. El aseo proceso tomó una semana o dos y, a continuación, comenzó a tomar mi ropa. A la edad de once años, este escritor no tenía idea de lo que quería. Poco a poco se quitó la ropa y me maltrataba a la edad de once, doce, trece, catorce, quince y diecisiete años. El corruptor de menores es casi seis años mayor que este escritor; en ese momento sucedió esto fue probablemente diecisiete, dieciocho, diecinueve y veinte y dos. Él sabía lo que estaba haciendo. Él utiliza para mostrar revistas pornográficas a la edad de once años y se me pide que abra mi pierna y plantean las chicas en las revistas. no sólo es un pederasta, afeitadora, psicópata, sino un bastardo. No le va a salir a su hermana pequeña o a nadie, los niños no nacen para ser maltratados. El acicalamiento parado a la edad de catorce años, y parece ser que él se cansó de ese juego y un día me intenta tocar delante de mi madre y su hermano mayor. El hermano mayor le dijo "hermanitas no se ha tocado." Mi madre lo vio y dio cuenta de lo que estaba pasando y me colocó en una guardería tratando de detenerlo. Mi madre nunca dijo nada a mi padre, ya que ella sabía que lo habrían matado. Esta fue la cosa equivocada, ya que continuó con el abuso. Él es un cerdo y el diablo. YO podría sobrevivir viviendo entre animales salvajes porque yo soy mejor que ellos, y que era mi decisión de no convertirse en un animal como ellos. El medio hermano debería estar en la cárcel. Pero gracias a mi madre que es de protección sigue siendo un peligro para la sociedad y a los niños pequeños.

Como un niño que ha sufrido abusos son menos calificados para decodificar expresiones faciales. Los niños que han sido víctimas de abusos eran menos hábiles a la hora de decodificar las expresiones faciales de las emociones y se clasificaron como menos socialmente competentes

Conexión con los demás sobrevivientes: El efecto:

Debido a que el damnificado se centra en cuestiones de identidad y de la intimidad, que a menudo se siente como una segunda adolescencia. El sobreviviente que ha crecido en un ambiente abusivo, de hecho, ha negado la primera adolescencia y a menudo carece de la habilidad social que se desarrollan durante este estado de vida. La torpeza de la conciencia y la conciencia de la propia normal que hacen que la adolescencia tumultuosa y dolorosa son amplificadas frecuentemente en adultos supervivientes, que pueden sentirse avergonzadas de su "hacia atrás" en la adquisición de las competencias que otros adultos. Estilo de afrontamiento Los adolescentes también pueden ser importantes en este momento.

Conversando con Niños Sobre la Violencia:

Sugerencias para Padres y Maestros

Actos de violencia que reciben mucha publicidad, particularmente los que ocurren en las escuelas, pueden confundir y asustar a niños que tal vez pueden sentir que ellos o sus amigos y seres queridos corren peligro. Se dirigirán a los adultos para información y para saber cómo reaccionar. Los padres y el personal de las escuelas pueden ayudar a que los niños sientan seguros al establecer un ambiente de normalidad y seguridad y conversar con ellos sobre sus temores.

1. Reasegurarles que están a salvo. Enfaticé que las escuelas son lugares seguros. Dar validez a los sentimientos de ellos; es importante entender que toda clase de sentimiento es aceptable cuando ocurre una tragedia. Deja que tus niños te hablen de sus sentimientos, ayudarlos a poner esos sentimientos en perspectiva, ayudarles a expresar apropiadamente estos sentimientos.

2. Acomoda y da tiempo para hablar. Deja que las preguntas del niño te guíen, y la escucha la información proporciona. Sea paciente. No siempre quieren hablar de sus sentimientos libremente. Mantenga la vigilancia para que note los indicios de que quieran hablar, tales como el rondarle cuando lava los platos o hace los quehaceres del jardín. Algunos niños prefieren expresarse por escrito, tocar música, o completar un proyecto de arte. Pueden necesitar los niños más pequeños actividades concretas para ayudarles a identificar y expresar sus sentimientos (tales como dibujar, ver libros con imagines, o juegos imaginarios).

3. Mantenga las explicaciones apropiadas para el nivel de desarrollo.

- *Primeros Grados de Escuela primaria estos estudiantes necesitan información sencilla, breve, que sea balanceada y que* asegura que las casas y las escuelas son lugares seguros y que los adultos los van a proteger.

- *Grados Últimos de Primaria y Primeros del Intermedio estos estudiantes serán más verbales, harán preguntas sobre si realmente están a salvo y precisamente lo que están pasando en sus escuelas. Pueden necesitar ayuda para separar las fantasías de la realidad. Hable con ellos de los esfuerzos para proporcionar escuelas seguras por parte de los líderes escolares y comunitarios.*

- *Grados Últimos del Intermedio y Secundario estos estudiantes tendrán opiniones fuertes y variadas acera de las causas de la violencia en las escuelas y en la sociedad. Compartirán sugerencias concretas de cómo mejorar la seguridad escolar y prevenir tragedias en la sociedad. Enfatice el papel que juega el estudiante en la manutención de la seguridad escolar al seguir las directivas de seguridad (por ejemplo, no dar acceso a la escuela a los desconocidos, reportar a los desconocidos en la escuela, reportar amenazas a la seguridad de la escuela hecho por estudiantes o miembros de la comunidad, etc.). Deben comunicar inquietudes de la seguridad personal de uno a los administradores y aprovechar de los apoyos para necesidades emocionales.*

4. Revisar los procedimientos de seguridad. Se deben incluir reglamentos y protecciones en la escuela y los hogares. Ayude a los niños a identificar al menos un adulto en la escuela y en la comunidad a quien podría recurrir en el caso de que sienten amenazados o en peligro.

5. Observar el estado emocional de los niños. Algunos niños no expresarán sus inquietudes verbalmente. Pueden ser indicios del nivel de ansiedad o preocupación de los niños los cambios en el comportamiento, apetito, y hábitos de dormir. En la mayoría de los niños, disminuirán estos síntomas al

darles seguridad y con el paso de tiempo. No obstante, pueden correr el riesgo de intensas reacciones en algunos niños. Pueden corren mayor riesgo de reacciones severas los niños quienes han experimentado previas experiencias traumáticas o perdidas personales, los que sufren de depresión u otras enfermedades mentales, o los que tienen necesidades especiales. Si tiene cualquier inquietud se debe buscar la ayuda de un profesional de salud mental.

6. Limitar la observación de estos eventos en la televisión. Limite lo que ven en la televisión y sea consciente de la televisión prendida en algunos lugares comunales. Puede causar ansiedad y confusión la información que es inapropiada por el nivel de desarrollo del niño, especialmente para los niños pequeños. Los adultos también necesitan estar conscientes del contenido de las conversaciones que conducen con niños presentes, aun en frente de adolescentes, y limitar que escuchen los comentarios vengativos, odiosos y enfadados porque los pueden malentender.

7. Mantener una rutina normal. Puede asegúrales y promover la salud física el mantener una rutina normal. Asegure que los niños duerman lo suficiente, que coman con regularidad, y hagan ejercicio. Aliénteles a mantenerse al tanto de las tareas y las actividades extra circulares, pero no a la fuerza, porque se sen sienten agobiados.

Sugerencias de Puntos de Énfasis al Conversar con los niños:

▪ Las escuelas son lugares seguros. Trabajan junto con los padres para mantenerlos seguros. todos se unen, los empleados de la escuela y los de la seguridad pública (policía local, departamentos de bomberos, trabajadores de emergencia, hospitales, etc.).

- *El edificio de la escuela es seguro porque… (referirse a los reglamentos específicos de la escuela).*

- *Todos jugamos un papel en la seguridad escolar. Ponga atención y comunique con un adulto si ve o escucha algo que le inquieta o provoca nervios o miedo.*

- *No es lo mismo reportar que chismear o ser soplón. Puede proveer información importante que ha escuchado o visto, lo cual que puede prevenir al darnos, o comunicándose directa o anónimamente con un adulto de confianza*

- *No se fijen en las peores posibilidades. Aunque no existe una garantía absoluta de que nunca sucederá nada malo, es importante distinguir entre la posibilidad de que algo pase y la probabilidad de que afectará a nuestra escuela.*

- *Es difícil para todos entender la violencia sin sentido. Nos puede ayudar sentir mejor y alejarnos de las preocupaciones del acontecimiento el hacer cosas que disfrutamos, mantener la rutina normal, y estar con amigos y familia.*

- *A veces personas hacen malas cosas que hiere a los demás. Tal vez no podían manejar los enojos, estaban bajo la influencia de las drogas o alcohol o tal vez sufrían de una enfermedad mental.*

Muchos adultos (padres, maestros, policías, doctores, líderes espirituales etc.) se esfuerzan mucho en conseguirles ayuda para prevenir que hagan daño a los demás. Es importante que sepamos todos cómo buscar ayuda si nos sentimos muy alterados o con iras y que no alejemos de las drogas y alcohol.

▪ Aléjense de las pistolas u otras armas. Si sabes que alguien tiene una pistola, notifiqué a un adulto. Uno de los más importantes factores de riesgo para la violencia mortal es acceso a las armas.

▪ La violencia nunca es una solución para los problemas personales. Los estudiantes pueden formar parte de una solución positiva al participar en programas contra la violencia en las escuelas, aprender las destrezas de mediación de conflicto, y al buscar la ayuda de un adulto si ellos o un compañero experimentan dificultades con las iras, depresión, u otras emociones que no pueden controlar.

La perturbada Relación: HERE

En un clima interrumpido en la relación con el niño se enfrenta a un formidable desarrollo. Yo tenía que encontrar una forma de salvar mi vida una y otra vez, que es una parte de la *resolución. Tenía que encontrar la manera de desarrollar un sentido de confianza básica, y seguridad con todo lo que me rodea. Desarrollando mi propio sentido en mí mismo, en relación con otras personas que eran negligentes, insensibles, o cruel hacia mí. Tuve que desarrollar mi propio cuerpo la auto-regulación en un entorno en el que mi cuerpo estaba a disposición de alguien en la familia, mi hermano del medio. Como niña pequeña, yo no sabía lo que me estaba pasando y lo que estaban haciendo conmigo; tuve que crear un ambiente de **iniciativa** la cual pude llevar acabo, entre la conformidad con el abuso y el agresor. Por otro lado, el abusador tiene que hacer lo mismo; su trabajo de ocultar es formidable, siendo un psicópata, sólo él lo podía hacer.*

Yo me sentí abandonada, sin misericordia; tratando de encontrar confianza en mí misma, a fin de preservar esperanza y sentido a mi vida. He sobrevivido, al igual que muchas personas en cautividad que son objeto de malos tratos tienen que subsistir al abuso, la negligencia y el terror. Yo no sabía nada de la vida, mi familia nunca me hablo, a la edad de ocho y nueve años, no podía salir corriendo, aunque varias veces lo intente. Tuve que quedarme en casa y pensar que no había nada malo con mis padres y el abandono psicológico, no había nada malo con el abuso sexual. Que esto era parte de mi crecimiento, esto no era amor, nada de amor, ni siquiera en una forma diferente. Después de haber vivido en mi país natal cuidada por mis tías y abuelas, viajé a un nuevo país, donde fui descuidada por mis padres, entregándome a las manos del diablo. Trágicamente, mi único escape fue aceptar el dolor, los abusos, y soportar la agonía.

Cuando se es objeto de malos tratos, uno sin querer se siente culpable y vergonzoso; la razón es la edad, yo no podía juzgar entre el bien y el mal. Esto sucedió cuando yo tenía ocho años, cuando el niño está empezando a desarrollar. ¿Este escritor no podía comprender lo que mi hermano estaba haciendo con mi cuerpo y el por qué? Este escritor era muy joven, tímido y sin protección de sus padres.

Yo fui capaz de sobrevivir, sin renunciar a la esperanza de una vida mejor, sin abusos. Por lo tanto, creo en las personas que escuchan, luchan y entienden mi historia. Encontré compasión entre amigos y extraños, más que en mi propia familia de sangre.

También he podido ejercer compasión hacia los demás y aprendí a vivir una vida libre de dolor.

Relacionada con la disociación es sexual "adormecimiento", que es el resultado de un niño dispuesto su cuerpo para adormecer en contra no deseados durante excitación táctil (Scott, 2008). Por desgracia, este mecanismo de defensa puede resultar en una sensación de disociación deseado durante actividad sexual con un ser querido más adelante en la vida.

Cuando las mujeres han sido agredidas sexualmente como los niños, las secuelas pueden ser de gran alcance. Las relaciones actuales pueden verse afectado de forma negativa. El dar y recibir de intimidad emocional o física a menudo se pone en peligro. Los temores de una mujer pueden proyectar su sentimiento a sus hijos.

Además, otros trastornos como el resultado de abusos graves en la infancia son la despersonalización y el trastorno. Esto puede ser física, emocional o sexual.

Conclusiones en el año 2002 indican que abuso emocional en particular es un fuerte predictor de despersonalización trastorno en la vida adulta, así como de despersonalización como un síntoma de otros trastornos mentales, el análisis de un estudio de 49 pacientes diagnosticados de despersonalización trastorno indica mayor puntaje que los sujetos de control de la cantidad total de abuso emocional y para soportar la máxima severidad de este tipo de abusos (Scott, 2008). Los investigadores llegaron a la conclusión de que el abuso emocional ha sido relativamente descuidado por los psiquiatras en comparación con otras formas de trauma infantil (Scott, 2008).

Trauma: Consejos y datos breves

1. El trauma es un problema grave. Alrededor de 35 millones de niños han experimentado al menos un evento que podría ocasionar un trauma infantil (Child and Adolescente, 2012). Alrededor del 72 % de los

niños y jóvenes de los Estados Unidos habrán experimentado al menos un evento estresante (p. ej.,

serán testigos o víctimas de violencia; experimentarán abuso sexual, físico o emocional; sufrirán una lesión o una afección médica grave; sufrirán la muerte de un padre o hermano) antes de los 18 años

(Deryck, Silver, & Prause, 2014).

2. El trauma puede tener un impacto duradero. El trauma infantil puede aumentar el riesgo de sufrir

problemas psicológicos, de comportamiento o emocionales (depresión o trastorno por estrés

postraumático [TEPT]), abuso de sustancias, bajo éxito ocupacional o fracaso escolar, inadaptación social y mala salud.

3. Existen varios tipos de trauma, incluidos los siguientes:

☐ *Violencia en la comunidad, doméstica y en la escuela.*

☐ *Abuso físico y sexual.*

☐ *Negligencia.*

☐ *Trauma complejo (varios eventos traumáticos y un impacto grave).*

☐ *Trauma de la primera infancia (cualquier evento traumático que experimenten niños de entre 0 y 6 años).*

☐ *Trauma médico.*

☐ *Desastres naturales.*

☐ *Trauma debido al terrorismo, por ser refugiado o debido a encontrarse en una zona de guerra.*

☐ *Pérdida traumática.*

4. Si un niño percibe el evento como amenazante, hay mayores probabilidades de que el niño quede traumatizado. Estas percepciones de amenaza se ven influenciadas por (1) la naturaleza del evento de crisis en sí, (2) la exposición a la crisis, (3) las relaciones con las víctimas de la crisis, (4) las reacciones de los adultos ante el trauma y (5) una variedad de factores de vulnerabilidad individual/personal.

5. Factores de riesgo del trauma. Ciertas características están asociadas con un aumento en las probabilidades de experimentar un evento traumático, como las siguientes:

✓ *Proximidad con un evento traumático.*

✓ *Exposición pasada a un trauma.*

✓ *Problemas mentales actuales o pasados o la presencia de una discapacidad.*

✓ *Abuso de sustancias o enfermedad mental de los padres.*

✓ *Apoyo social limitado o aislamiento.*

✓ *Estrés familiar.*

✓ *Pérdida o miedo de perder a un ser querido.*

✓ *Características de la comunidad.*

✓ *Nivel de desarrollo.*

✓ *Nivel de pobreza.*

6. Reacciones comunes al trauma: conmoción o incredulidad, temor, tristeza, culpa/vergüenza, dolor, confusión, pesimismo o enojo. En la mayoría de los casos estas reacciones son temporales y disminuyen con el tiempo.

7. Señales de advertencia. Si alguno de los siguientes síntomas no disminuye con el tiempo, si impactan gravemente en la capacidad del niño de participar en actividades normales o si se perciben cambios significativos, es posible que sea necesaria una derivación a un profesional de salud mental.

- *Interrupción o aislamiento de las relaciones con compañeros.*

- *Falta general de energía o falta de interés en actividades que antes disfrutaba.*

- *Relaciones familiares tensas (aumento de mal comportamiento, atacar a miembros de la familia, negarse a participar en rutinas normales de la familia).*

- *Disminución del rendimiento escolar, evitar ir a la escuela, dificultad para concentrarse.*

- *Quejas físicas sin causa aparente.*

- *Sobrellevar de manera inadecuada (uso de drogas o alcohol, agresión grave).*

- *Pesadillas recurrentes e informar miedos fuertes a la muerte, la violencia, etc.*

- *Representar de manera repetitiva los eventos traumáticos.*

- *Baja autoestima, hablar de manera negativa de uno mismo (si esto no era aparente antes del o trauma).*

- *Problemas para dormir (dificultad para quedarse dormido o permanecer dormido) y para comer.*

- *Mayor estimulación (asombrarse fácilmente o enojarse rápidamente), agitación, irritabilidad, o agresividad.*

- *Regresión del comportamiento (succión del pulgar, micción nocturna, dependencia, miedo a la oscuridad).*

8. Las escuelas desempeñan un papel importante para disminuir el impacto de un evento traumático

en un niño. Los niños pasan la mayor parte del día en la escuela, donde hay adultos comprometidos disponibles para ayudarlos. Los educadores pueden ayudar a los niños al proporcionarles la estructura de una rutina habitual, al brindarles un lugar seguro donde compartir las inquietudes, al estar atentos a las pistas en el entorno que puedan desencadenar una respuesta traumática y al ofrecer apoyo adicional.

Conclusión: Resolución de Conflictos:

Este escritor es doctorado en resolución de conflictos, lo más importante para una resolución es dejar todo la irritación, la rabia, el resentimiento, molesto, y decepción. No es mucho lo que podemos hacer por nuestro pasado, pero podemos cambiar nuestro futuro los niños al cuidado de ellos. Lo que me ha ayudado a escribir este libro y recopilar toda la información. La experiencia me ha ayudado como víctima ver el otro lado de la realidad, la realidad del abusador y psicópata. Por razones prácticas la mayoría de las personas dependen de la forma en que la gente debe actuar. La experiencia de tratar con quien abusa de un niño y psicópata me ayuda entender claramente su engaño extensiones, que sabe cómo ocultar detrás de su máscara y su manipulación lo convierten en un experto a la hora de conseguir la aceptación de los demás. No importa cuántas veces puedo explicar mi historia, sólo los demás entender que cuando se encuentran cara a cara con el depredador e incluso cuando nos enfrentamos con los depredadores puede ser que no podamos ver a través de ellas. Debido a su psicopatía son difíciles de capturar. El delincuente siempre ha ocultado la verdad sobre sí mismo de los demás. También ha revelado deliberadamente partes de su vida que reduciría sospecha. Él ha aprendido a leer otros las reacciones y el manómetro cuando otros podrían ser sospechoso. Es un hábil engañador. Personas que trabajan con él en el diario debe aprender los pasos básicos para reconocer su engaño deliberado. La resolución de esta escritura fue escribir este libro para crear conciencia sobre la base de sus experiencias personales con un psicópata. Al mismo tiempo, este escritor pudo aprender sobre la base de la investigación ¿cuáles son las características de un psicópata. Esta investigación me abrió los ojos a este escritor y de los lectores. Como alcohólicos los delincuentes sexuales nunca cura. La relación con ellos debe basarse en el escepticismo. Lykken (1995) sostiene que la mayoría de los niños comportamientos antisociales son causados por la mala crianza inadecuada padres ausentes y madres que descuidan a sus hijos. Tal vez el niño les frustra o tal vez sus aptitudes de los padres son subnormales y en cualquiera de los casos, el niño actúa (Lykken, 1995). Lykken (1995) llama a estos niños psicópatas, con sus pocas mejores habilidades sociales en el hogar y afuera. Es responsabilidad de los padres hacer esto, y donde los padres no, el niño con los rasgos puede expresar a través de la violencia (Lykken, 1995). La opinión del autor, los niños propensos a psicopatía se pueden guiar por buenos padres mediante rasgos en pro de formas sociales. Viven en todas las culturas. Karpman (1948) considera que, como resultado de ello, sólo los psicópatas secundarios son susceptibles de tratamiento porque su comportamiento es adquirido y sobre la base de un conflicto subyacente y que, por lo tanto, poseen la capacidad de vivir vidas morales y éticos. Es evidente que estos tipos de estrategias (que también consisten en mentir, estafar, engaños, etc.) son muy comúnmente utilizado por los psicópatas en la vida cotidiana, y normalmente funciona bien para ellos, sobre todo a la hora de acceder a sus compañeros y los recursos necesarios para la supervivencia (Hare, 1993). Los padres, en su caso, formas sensibles, enseñar a los niños del peligro potencial de abuso y cómo evitar que. Ser consciente de las señales de alerta, como un cambio brusco en el comportamiento del niño, que pueden ser una señal de que hay un problema y debemos estar alerta a un niño de sentimientos inestables e identificar su origen (Scott, 2008).

Este escrito es un viaje personal de investigación y análisis sobre la psicopatía, ha llevado a un descubrimiento y revelación en el diagnóstico de los dos hermanos varones y el trastorno de la personalidad. Este trastorno ha sido reconocido o se diagnostica por este escrito después de la experiencia y vivir con el psicópata. Cuando uno es niño inocente es muy difícil entender lo que ocurre en tu alrededor, este escritor se llenó de angustia mentales y de consecuencias psicológicas. Resolución de Conflictos en esta situación solo puede ocurrir cuando los miembros de la familia, *como una madre, hermanos y parientes cercanos comprender y reconocer la patología de un trastorno de la personalidad como psicopatía. Con el fin de detener y evitar la repetición de los incidentes que ocurrieron en este escritor, un tipo de intervención debe realizarse de modo que exponga este hermano varones de más edad del trastorno.*

Si la resolución de conflictos, la capacidad para ver la otra cara de la realidad es lo que nos salvará de los ataques de un psicópata; por lo que son y no por lo que intentan representar, incluso por los miembros de la familia nos encantó no creo es que va a resolver este conflicto sin su ayuda. El presente es importante, el pasado es pasado, pero tenemos que trabajar sobre los traumas del pasado para ser una mejor persona para la sociedad hoy en día. Una vez que lleguemos a la realización de lo que ha sucedido a nosotros, no podemos nosotros mismos ya daño. Es hora de recuperar y convertirse en el nuevo.

Resolución después del trauma.

Tras el trauma disminuye en el pasado, ya no representa un obstáculo para la intimidad. En este punto, la víctima ya no es la víctima, sino que se ha convertido en una nueva víctima. Las relaciones en el futuro son positivas y hay que estar dispuestos a establecer con energía y nuevas ideas. Si la víctima ha estado involucrada en una relación durante el proceso de recuperación, se hace más fácil para ir a través del proceso. Mi pareja me ayudó mucho con mi trauma.

La resolución del trauma nunca es final, y nunca termina; la recuperación nunca es completa. El impacto de un suceso traumático se seguirá realizando a través del sobreviviente y del ciclo de vida. Todo dependen si el sobreviviente para encontrar ayuda para recuperar, pero lo que es más importante en la búsqueda de la paz y la comprensión de lo que ha sucedido. Los conflictos que han madurado lo suficiente en una fase de recuperación se detendrá y recurrente va a desaparecer, pero la razón de la creación de este libro es ayudar a las víctimas encontrar resolución. Si bien es cierto muchos de nosotros tenemos recuerdos traumáticos, pero hay un momento en nuestras vidas que podemos decir: "Hoy me voy a detener el sufrimiento; hoy, ya no llorare." "Hoy es mi tiempo para ser feliz." perdonarte a ti mismo y crear una nueva vida para ustedes en el día de hoy. no podemos permitir que recuerdos para cazar, o permitir que nos hacen sentir miserable. Que son los dirigentes de nuestras vidas, y tenemos el poder de cambiar las personas que somos. Hoy es el día para sentirse bien sobre sí mismo, para ser usted y aceptar otros cómo son. Tenemos que repetir a nosotros mismos que estamos bien, ya no somos las víctimas, somos los sobrevivientes, y estamos aquí en esta tierra para soportar los traumas, aprender de ellos, y seguir adelante. Yo entiendo a veces no es fácil pasar, pero hay que hacerlo con el fin de sobrevivir y tener una vida mejor que la vida de la persona que lo maltrata. Aunque mediante la resolución nunca es total, a menudo, es suficiente para mí como un sobreviviente de mi atención a la tarea de la vida ordinaria.

TRAUMA Y RECUPERACION

Según el libro de Trauma y Recuperación las fases siguientes deben seguirse y que todos están interconectados. No hay un orden en la forma en que gestionan estas etapas, pero es cierto que sobreviviente pasa por algunas de estas etapas. Uno puede llegar antes que el otro, no hay un orden en la forma de administrar nuestros sentimientos y la victimización. La parte más importante del proceso es la de estar agradecido por su vida actual y de los cambios que haya realizado y ordenado por lo que tienes ahora, que es la parte del sistema de recuperación.

1) *Los síntomas psicológicos del trastorno de estrés postraumático han sido manejables o no-existencia*

2) *Capaz de controlar sentimientos asociados con el estrés postraumático o abusos, etc.*

3) *La persona tiene la autoridad para administrar su/sus recuerdos, y a decidir cuándo llevar a cabo y el momento de esconderse en la parte lateral*

4) *La autoestima se ha restaurado = Este debe ser UN trabajado a diario, es uno de los más difíciles de recuperar.*

5) *Importancia de la relación se han establecido o restablecido.*

6) *La persona se ha reconstruido un sistema coherente de significado y en la creencia de que abarca la historia del trauma.*

7) *Mi teoría: cambie su mente, cambiar su manera de pensar le ayudará a cambiar su ser positivo y no tener miedo de ser tú mismo.*

Referencias:

Cleckley, H. (1988). La máscara de la cordura, Augusta, Georgia:

Hervey Milton.

Grondahl, P. (2006, 13 agosto). Porco etiquetado como un

psicópata asesino. . Recuperado 10 de julio de 2012, de

Unión:

http://www.timesunion.com/AspStories/story.asp?storyID=50

8011&category=PORCO&BCCode=&newsdate=9/9/2009.

Hare, R. (1999). *Sin conciencia: el inquietante mundo de los*

psicópatas entre nosotros. Nueva York: Guilford Press.

Hare, R. (2003). *Manual técnico de la psicopatía Revisada Lista 2ª*

ed., Nueva York : Múltiples Sistemas de Salud.

Karpman, B. (1941). *En cuanto a la necesidad de separar*

psicopatía en dos diferentes subtipos clínicos:El sintomático

y la idiopática. Revista de Psicopatología Criminal, 3, 112-

137.

Lykken, D. T. (1995). *Las personalidades antisociales, Hillsdale, NJ:*

Lawrence Erlbaum Associates.

Neumann, C. (2007). *El super coordinar naturaleza de la psicopatía*

lista revisada. Diario de los trastornos de la personalidad,

21 (2), 102-117.

Pearson, P. (1998). Cuando ella estaba mal: ¿cómo y por qué las mujeres con un asesinato, Vintage, Canadá: Canadá Datos catalogación en Publicación.

Sin, S. (1984). Dentro de la mente criminal, Times Books.

Scott, R. G. (2008, 5 abril). Para sanar las trágicas consecuencias de abuso .Recuperado 14 de julio de 2012, de la Iglesia de Jesucristo de los Santos de los Últimos Días: http://www.lds.org/general-conference/2008/04/to-heal-the-shattering-consequences-of-abuse?lang=eng.

Shohov, S. (2002). Los avances en investigación Psicología, Volumen 15, Hauppauge, Nueva York: Nova Science Publisher, Inc.

Van Dam, C. (2006). Los abusadores de niños socialmente calificados. Nueva York: Haworth Press, Inc.